Dieses Buch gehört

____

KW _______   Monat _______________________

In dieser Woche wurden folgende Arbeiten
begonnen oder erfolgreich abgeschlossen:

In dieser Woche gab es folgende Probleme
oder besondere Herausforderungen:

In dieser Woche hatten wir Hilfe von den
folgenden Personen:

Die Stimmung in dieser Woche war:

O gut   O mittel   O schlecht

Liegen wir noch im Zeitplan?

O ja   O nein

Optionale Verzögerung in Tagen:

Notizen, Fotos, Skizzen, etc.:

KW _______   Monat _______

In dieser Woche wurden folgende Arbeiten begonnen oder erfolgreich abgeschlossen:

In dieser Woche gab es folgende Probleme oder besondere Herausforderungen:

In dieser Woche hatten wir Hilfe von den folgenden Personen:

Die Stimmung in dieser Woche war:

O gut   O mittel   O schlecht

Liegen wir noch im Zeitplan?

O ja   O nein

Optionale Verzögerung in Tagen:

Notizen, Fotos, Skizzen, etc.:

KW _______   Monat _______

In dieser Woche wurden folgende Arbeiten begonnen oder erfolgreich abgeschlossen:

In dieser Woche gab es folgende Probleme oder besondere Herausforderungen:

In dieser Woche hatten wir Hilfe von den folgenden Personen:

Die Stimmung in dieser Woche war:

O gut   O mittel   O schlecht

Liegen wir noch im Zeitplan?

O ja   O nein

Optionale Verzögerung in Tagen:

Notizen, Fotos, Skizzen, etc.:

KW _______ Monat _______

In dieser Woche wurden folgende Arbeiten begonnen oder erfolgreich abgeschlossen:

In dieser Woche gab es folgende Probleme oder besondere Herausforderungen:

In dieser Woche hatten wir Hilfe von den folgenden Personen:

Die Stimmung in dieser Woche war:

O gut   O mittel   O schlecht

Liegen wir noch im Zeitplan?

O ja   O nein

Optionale Verzögerung in Tagen:

Notizen, Fotos, Skizzen, etc.:

KW ______ Monat ______

In dieser Woche wurden folgende Arbeiten begonnen oder erfolgreich abgeschlossen:

In dieser Woche gab es folgende Probleme oder besondere Herausforderungen:

In dieser Woche hatten wir Hilfe von den folgenden Personen:

Die Stimmung in dieser Woche war:

○ gut ○ mittel ○ schlecht

Liegen wir noch im Zeitplan?

○ ja ○ nein

Optionale Verzögerung in Tagen:

Notizen, Fotos, Skizzen, etc.:

KW _______   Monat _______

In dieser Woche wurden folgende Arbeiten begonnen oder erfolgreich abgeschlossen:

In dieser Woche gab es folgende Probleme oder besondere Herausforderungen:

In dieser Woche hatten wir Hilfe von den folgenden Personen:

Die Stimmung in dieser Woche war:

O gut   O mittel   O schlecht

Liegen wir noch im Zeitplan?

O ja   O nein

Optionale Verzögerung in Tagen:

Notizen, Fotos, Skizzen, etc.:

Notizen, Fotos, Skizzen, etc.:

KW   Monat

In dieser Woche wurden folgende Arbeiten begonnen oder erfolgreich abgeschlossen:

In dieser Woche gab es folgende Probleme oder besondere Herausforderungen:

In dieser Woche hatten wir Hilfe von den folgenden Personen:

Die Stimmung in dieser Woche war:

O gut   O mittel   O schlecht

Liegen wir noch im Zeitplan?

O ja   O nein

Optionale Verzögerung in Tagen:

Notizen, Fotos, Skizzen, etc.:

KW _______ Monat _______

In dieser Woche wurden folgende Arbeiten begonnen oder erfolgreich abgeschlossen:

In dieser Woche gab es folgende Probleme oder besondere Herausforderungen:

In dieser Woche hatten wir Hilfe von den folgenden Personen:

Die Stimmung in dieser Woche war:

○ gut   ○ mittel   ○ schlecht

Liegen wir noch im Zeitplan?

○ ja   ○ nein

Optionale Verzögerung in Tagen:

Notizen, Fotos, Skizzen, etc.:

KW _______   Monat _______

In dieser Woche wurden folgende Arbeiten begonnen oder erfolgreich abgeschlossen:

In dieser Woche gab es folgende Probleme oder besondere Herausforderungen:

In dieser Woche hatten wir Hilfe von den folgenden Personen:

Die Stimmung in dieser Woche war:

O gut   O mittel   O schlecht

Liegen wir noch im Zeitplan?

O ja   O nein

Optionale Verzögerung in Tagen:

Notizen, Fotos, Skizzen, etc.:

KW ______   Monat ________________

In dieser Woche wurden folgende Arbeiten
begonnen oder erfolgreich abgeschlossen:

In dieser Woche gab es folgende Probleme
oder besondere Herausforderungen:

In dieser Woche hatten wir Hilfe von den
folgenden Personen:

Die Stimmung in dieser Woche war:

O gut   O mittel   O schlecht

Liegen wir noch im Zeitplan?

O ja   O nein

Optionale Verzögerung in Tagen:

Notizen, Fotos, Skizzen, etc.:

KW _______   Monat _______

In dieser Woche wurden folgende Arbeiten
begonnen oder erfolgreich abgeschlossen:

In dieser Woche gab es folgende Probleme
oder besondere Herausforderungen:

In dieser Woche hatten wir Hilfe von den
folgenden Personen:

Die Stimmung in dieser Woche war:

○ gut   ○ mittel   ○ schlecht

Liegen wir noch im Zeitplan?

○ ja   ○ nein

Optionale Verzögerung in Tagen:

Notizen, Fotos, Skizzen, etc.:

KW _______   Monat _______

In dieser Woche wurden folgende Arbeiten begonnen oder erfolgreich abgeschlossen:

In dieser Woche gab es folgende Probleme oder besondere Herausforderungen:

In dieser Woche hatten wir Hilfe von den folgenden Personen:

Die Stimmung in dieser Woche war:

O gut   O mittel   O schlecht

Liegen wir noch im Zeitplan?

O ja   O nein

Optionale Verzögerung in Tagen:

Notizen, Fotos, Skizzen, etc.:

KW ______ Monat ______

In dieser Woche wurden folgende Arbeiten begonnen oder erfolgreich abgeschlossen:

In dieser Woche gab es folgende Probleme oder besondere Herausforderungen:

In dieser Woche hatten wir Hilfe von den folgenden Personen:

Die Stimmung in dieser Woche war:

○ gut   ○ mittel   ○ schlecht

Liegen wir noch im Zeitplan?

○ ja   ○ nein

Optionale Verzögerung in Tagen:

Notizen, Fotos, Skizzen, etc.:

KW _______   Monat _______

In dieser Woche wurden folgende Arbeiten begonnen oder erfolgreich abgeschlossen:

In dieser Woche gab es folgende Probleme oder besondere Herausforderungen:

In dieser Woche hatten wir Hilfe von den folgenden Personen:

Die Stimmung in dieser Woche war:

O gut   O mittel   O schlecht

Liegen wir noch im Zeitplan?

O ja   O nein

Optionale Verzögerung in Tagen:

Notizen, Fotos, Skizzen, etc.:

KW ________ Monat ________

In dieser Woche wurden folgende Arbeiten begonnen oder erfolgreich abgeschlossen:

In dieser Woche gab es folgende Probleme oder besondere Herausforderungen:

In dieser Woche hatten wir Hilfe von den folgenden Personen:

Die Stimmung in dieser Woche war:

O gut   O mittel   O schlecht

Liegen wir noch im Zeitplan?

O ja   O nein

Optionale Verzögerung in Tagen:

Notizen, Fotos, Skizzen, etc.:

KW _____   Monat _____

In dieser Woche wurden folgende Arbeiten begonnen oder erfolgreich abgeschlossen:

In dieser Woche gab es folgende Probleme oder besondere Herausforderungen:

In dieser Woche hatten wir Hilfe von den folgenden Personen:

Die Stimmung in dieser Woche war:

O gut   O mittel   O schlecht

Liegen wir noch im Zeitplan?

O ja   O nein

Optionale Verzögerung in Tagen:

Notizen, Fotos, Skizzen, etc.:

KW _______   Monat _______

In dieser Woche wurden folgende Arbeiten begonnen oder erfolgreich abgeschlossen:

In dieser Woche gab es folgende Probleme oder besondere Herausforderungen:

In dieser Woche hatten wir Hilfe von den folgenden Personen:

Die Stimmung in dieser Woche war:

O gut   O mittel   O schlecht

Liegen wir noch im Zeitplan?

O ja   O nein

Optionale Verzögerung in Tagen:

Notizen, Fotos, Skizzen, etc.:

KW _______ Monat _______

In dieser Woche wurden folgende Arbeiten begonnen oder erfolgreich abgeschlossen:

In dieser Woche gab es folgende Probleme oder besondere Herausforderungen:

In dieser Woche hatten wir Hilfe von den folgenden Personen:

Die Stimmung in dieser Woche war:

O gut   O mittel   O schlecht

Liegen wir noch im Zeitplan?

O ja   O nein

Optionale Verzögerung in Tagen:

Notizen, Fotos, Skizzen, etc.:

KW _______   Monat _______

In dieser Woche wurden folgende Arbeiten
begonnen oder erfolgreich abgeschlossen:

In dieser Woche gab es folgende Probleme
oder besondere Herausforderungen:

In dieser Woche hatten wir Hilfe von den
folgenden Personen:

Die Stimmung in dieser Woche war:

O gut   O mittel   O schlecht

Liegen wir noch im Zeitplan?

O ja   O nein

Optionale Verzögerung in Tagen:

Notizen, Fotos, Skizzen, etc.:

KW _______   Monat _______

In dieser Woche wurden folgende Arbeiten begonnen oder erfolgreich abgeschlossen:

In dieser Woche gab es folgende Probleme oder besondere Herausforderungen:

In dieser Woche hatten wir Hilfe von den folgenden Personen:

Die Stimmung in dieser Woche war:

O gut   O mittel   O schlecht

Liegen wir noch im Zeitplan?

O ja   O nein

Optionale Verzögerung in Tagen:

Notizen, Fotos, Skizzen, etc.:

KW ________   Monat ________

In dieser Woche wurden folgende Arbeiten
begonnen oder erfolgreich abgeschlossen:

In dieser Woche gab es folgende Probleme
oder besondere Herausforderungen:

In dieser Woche hatten wir Hilfe von den
folgenden Personen:

Die Stimmung in dieser Woche war:

O gut   O mittel   O schlecht

Liegen wir noch im Zeitplan?

O ja   O nein

Optionale Verzögerung in Tagen:

Notizen, Fotos, Skizzen, etc.:

KW   Monat

In dieser Woche wurden folgende Arbeiten begonnen oder erfolgreich abgeschlossen:

In dieser Woche gab es folgende Probleme oder besondere Herausforderungen:

In dieser Woche hatten wir Hilfe von den folgenden Personen:

Die Stimmung in dieser Woche war:

O gut   O mittel   O schlecht

Liegen wir noch im Zeitplan?

O ja   O nein

Optionale Verzögerung in Tagen:

Notizen, Fotos, Skizzen, etc.:

KW   Monat

In dieser Woche wurden folgende Arbeiten begonnen oder erfolgreich abgeschlossen:

In dieser Woche gab es folgende Probleme oder besondere Herausforderungen:

In dieser Woche hatten wir Hilfe von den folgenden Personen:

Die Stimmung in dieser Woche war:

O gut   O mittel   O schlecht

Liegen wir noch im Zeitplan?

O ja   O nein

Optionale Verzögerung in Tagen:

Notizen, Fotos, Skizzen, etc.:

KW   Monat

In dieser Woche wurden folgende Arbeiten begonnen oder erfolgreich abgeschlossen:

In dieser Woche gab es folgende Probleme oder besondere Herausforderungen:

In dieser Woche hatten wir Hilfe von den folgenden Personen:

Die Stimmung in dieser Woche war:

O gut   O mittel   O schlecht

Liegen wir noch im Zeitplan?

O ja   O nein

Optionale Verzögerung in Tagen:

Notizen, Fotos, Skizzen, etc.:

KW _______   Monat _______

In dieser Woche wurden folgende Arbeiten begonnen oder erfolgreich abgeschlossen:

In dieser Woche gab es folgende Probleme oder besondere Herausforderungen:

In dieser Woche hatten wir Hilfe von den folgenden Personen:

Die Stimmung in dieser Woche war:

O gut   O mittel   O schlecht

Liegen wir noch im Zeitplan?

O ja   O nein

Optionale Verzögerung in Tagen:

Notizen, Fotos, Skizzen, etc.:

KW   Monat

In dieser Woche wurden folgende Arbeiten begonnen oder erfolgreich abgeschlossen:

In dieser Woche gab es folgende Probleme oder besondere Herausforderungen:

In dieser Woche hatten wir Hilfe von den folgenden Personen:

Die Stimmung in dieser Woche war:

○ gut   ○ mittel   ○ schlecht

Liegen wir noch im Zeitplan?

○ ja   ○ nein

Optionale Verzögerung in Tagen:

Notizen, Fotos, Skizzen, etc.:

KW ______ Monat ______

In dieser Woche wurden folgende Arbeiten begonnen oder erfolgreich abgeschlossen:

In dieser Woche gab es folgende Probleme oder besondere Herausforderungen:

In dieser Woche hatten wir Hilfe von den folgenden Personen:

Die Stimmung in dieser Woche war:

○ gut   ○ mittel   ○ schlecht

Liegen wir noch im Zeitplan?

○ ja   ○ nein

Optionale Verzögerung in Tagen:

Notizen, Fotos, Skizzen, etc.:

KW ______ Monat ______

In dieser Woche wurden folgende Arbeiten begonnen oder erfolgreich abgeschlossen:

In dieser Woche gab es folgende Probleme oder besondere Herausforderungen:

In dieser Woche hatten wir Hilfe von den folgenden Personen:

Die Stimmung in dieser Woche war:

O gut   O mittel   O schlecht

Liegen wir noch im Zeitplan?

O ja   O nein

Optionale Verzögerung in Tagen:

Notizen, Fotos, Skizzen, etc.:

KW _____ Monat _____

In dieser Woche wurden folgende Arbeiten begonnen oder erfolgreich abgeschlossen:

In dieser Woche gab es folgende Probleme oder besondere Herausforderungen:

In dieser Woche hatten wir Hilfe von den folgenden Personen:

Die Stimmung in dieser Woche war:

O gut   O mittel   O schlecht

Liegen wir noch im Zeitplan?

O ja   O nein

Optionale Verzögerung in Tagen:

Notizen, Fotos, Skizzen, etc.:

KW _______ Monat _______

In dieser Woche wurden folgende Arbeiten begonnen oder erfolgreich abgeschlossen:

In dieser Woche gab es folgende Probleme oder besondere Herausforderungen:

In dieser Woche hatten wir Hilfe von den folgenden Personen:

Die Stimmung in dieser Woche war:

O gut   O mittel   O schlecht

Liegen wir noch im Zeitplan?

O ja   O nein

Optionale Verzögerung in Tagen:

Notizen, Fotos, Skizzen, etc.:

KW _______   Monat _______

In dieser Woche wurden folgende Arbeiten begonnen oder erfolgreich abgeschlossen:

In dieser Woche gab es folgende Probleme oder besondere Herausforderungen:

In dieser Woche hatten wir Hilfe von den folgenden Personen:

Die Stimmung in dieser Woche war:

O gut   O mittel   O schlecht

Liegen wir noch im Zeitplan?

O ja   O nein

Optionale Verzögerung in Tagen:

Notizen, Fotos, Skizzen, etc.:

KW ___________   Monat ___________

In dieser Woche wurden folgende Arbeiten begonnen oder erfolgreich abgeschlossen:

In dieser Woche gab es folgende Probleme oder besondere Herausforderungen:

In dieser Woche hatten wir Hilfe von den folgenden Personen:

Die Stimmung in dieser Woche war:

O gut   O mittel   O schlecht

Liegen wir noch im Zeitplan?

O ja   O nein

Optionale Verzögerung in Tagen:

Notizen, Fotos, Skizzen, etc.:

KW _______   Monat _______

In dieser Woche wurden folgende Arbeiten begonnen oder erfolgreich abgeschlossen:

In dieser Woche gab es folgende Probleme oder besondere Herausforderungen:

In dieser Woche hatten wir Hilfe von den folgenden Personen:

Die Stimmung in dieser Woche war:

O gut   O mittel   O schlecht

Liegen wir noch im Zeitplan?

O ja   O nein

Optionale Verzögerung in Tagen:

Notizen, Fotos, Skizzen, etc.:

KW _______   Monat _______

In dieser Woche wurden folgende Arbeiten begonnen oder erfolgreich abgeschlossen:

In dieser Woche gab es folgende Probleme oder besondere Herausforderungen:

In dieser Woche hatten wir Hilfe von den folgenden Personen:

Die Stimmung in dieser Woche war:

○ gut   ○ mittel   ○ schlecht

Liegen wir noch im Zeitplan?

○ ja   ○ nein

Optionale Verzögerung in Tagen:

Notizen, Fotos, Skizzen, etc.:

KW ________   Monat ________

In dieser Woche wurden folgende Arbeiten
begonnen oder erfolgreich abgeschlossen:

In dieser Woche gab es folgende Probleme
oder besondere Herausforderungen:

In dieser Woche hatten wir Hilfe von den
folgenden Personen:

Die Stimmung in dieser Woche war:

O gut   O mittel   O schlecht

Liegen wir noch im Zeitplan?

O ja   O nein

Optionale Verzögerung in Tagen:

Notizen, Fotos, Skizzen, etc.:

KW ________   Monat ________

In dieser Woche wurden folgende Arbeiten
begonnen oder erfolgreich abgeschlossen:

In dieser Woche gab es folgende Probleme
oder besondere Herausforderungen:

In dieser Woche hatten wir Hilfe von den
folgenden Personen:

Die Stimmung in dieser Woche war:

O gut   O mittel   O schlecht

Liegen wir noch im Zeitplan?

O ja   O nein

Optionale Verzögerung in Tagen:

Notizen, Fotos, Skizzen, etc.:

Notizen, Fotos, Skizzen, etc.:

KW _______   Monat _______________

In dieser Woche wurden folgende Arbeiten
begonnen oder erfolgreich abgeschlossen:

In dieser Woche gab es folgende Probleme
oder besondere Herausforderungen:

In dieser Woche hatten wir Hilfe von den
folgenden Personen:

Die Stimmung in dieser Woche war:

O gut   O mittel   O schlecht

Liegen wir noch im Zeitplan?

O ja   O nein

Optionale Verzögerung in Tagen:

Notizen, Fotos, Skizzen, etc.:

KW _____ Monat _____

In dieser Woche wurden folgende Arbeiten begonnen oder erfolgreich abgeschlossen:

In dieser Woche gab es folgende Probleme oder besondere Herausforderungen:

In dieser Woche hatten wir Hilfe von den folgenden Personen:

Die Stimmung in dieser Woche war:

○ gut   ○ mittel   ○ schlecht

Liegen wir noch im Zeitplan?

○ ja   ○ nein

Optionale Verzögerung in Tagen:

Notizen, Fotos, Skizzen, etc.:

KW _______   Monat _______

In dieser Woche wurden folgende Arbeiten begonnen oder erfolgreich abgeschlossen:

In dieser Woche gab es folgende Probleme oder besondere Herausforderungen:

In dieser Woche hatten wir Hilfe von den folgenden Personen:

Die Stimmung in dieser Woche war:

O gut   O mittel   O schlecht

Liegen wir noch im Zeitplan?

O ja   O nein

Optionale Verzögerung in Tagen:

Notizen, Fotos, Skizzen, etc.:

KW   Monat

In dieser Woche wurden folgende Arbeiten begonnen oder erfolgreich abgeschlossen:

In dieser Woche gab es folgende Probleme oder besondere Herausforderungen:

In dieser Woche hatten wir Hilfe von den folgenden Personen:

Die Stimmung in dieser Woche war:

○ gut   ○ mittel   ○ schlecht

Liegen wir noch im Zeitplan?

○ ja   ○ nein

Optionale Verzögerung in Tagen:

Notizen, Fotos, Skizzen, etc.:

KW   Monat

In dieser Woche wurden folgende Arbeiten begonnen oder erfolgreich abgeschlossen:

In dieser Woche gab es folgende Probleme oder besondere Herausforderungen:

In dieser Woche hatten wir Hilfe von den folgenden Personen:

Die Stimmung in dieser Woche war:

O gut   O mittel   O schlecht

Liegen wir noch im Zeitplan?

O ja   O nein

Optionale Verzögerung in Tagen:

Notizen, Fotos, Skizzen, etc.:

KW _______   Monat _______

In dieser Woche wurden folgende Arbeiten begonnen oder erfolgreich abgeschlossen:

In dieser Woche gab es folgende Probleme oder besondere Herausforderungen:

In dieser Woche hatten wir Hilfe von den folgenden Personen:

Die Stimmung in dieser Woche war:

O gut   O mittel   O schlecht

Liegen wir noch im Zeitplan?

O ja   O nein

Optionale Verzögerung in Tagen:

Notizen, Fotos, Skizzen, etc.:

KW _______   Monat _______________

In dieser Woche wurden folgende Arbeiten
begonnen oder erfolgreich abgeschlossen:

In dieser Woche gab es folgende Probleme
oder besondere Herausforderungen:

In dieser Woche hatten wir Hilfe von den
folgenden Personen:

Die Stimmung in dieser Woche war:

O gut   O mittel   O schlecht

Liegen wir noch im Zeitplan?

O ja   O nein

Optionale Verzögerung in Tagen:

Notizen, Fotos, Skizzen, etc.:

KW   Monat

In dieser Woche wurden folgende Arbeiten
begonnen oder erfolgreich abgeschlossen:

In dieser Woche gab es folgende Probleme
oder besondere Herausforderungen:

In dieser Woche hatten wir Hilfe von den
folgenden Personen:

Die Stimmung in dieser Woche war:

O gut   O mittel   O schlecht

Liegen wir noch im Zeitplan?

O ja   O nein

Optionale Verzögerung in Tagen:

Notizen, Fotos, Skizzen, etc.:

KW _______   Monat _______

In dieser Woche wurden folgende Arbeiten begonnen oder erfolgreich abgeschlossen:

In dieser Woche gab es folgende Probleme oder besondere Herausforderungen:

In dieser Woche hatten wir Hilfe von den folgenden Personen:

Die Stimmung in dieser Woche war:

◯ gut   ◯ mittel   ◯ schlecht

Liegen wir noch im Zeitplan?

◯ ja   ◯ nein

Optionale Verzögerung in Tagen:

Notizen, Fotos, Skizzen, etc.:

KW _______   Monat _______

In dieser Woche wurden folgende Arbeiten begonnen oder erfolgreich abgeschlossen:

In dieser Woche gab es folgende Probleme oder besondere Herausforderungen:

In dieser Woche hatten wir Hilfe von den folgenden Personen:

Die Stimmung in dieser Woche war:

O gut   O mittel   O schlecht

Liegen wir noch im Zeitplan?

O ja   O nein

Optionale Verzögerung in Tagen:

Notizen, Fotos, Skizzen, etc.:

KW ______ Monat ______

In dieser Woche wurden folgende Arbeiten begonnen oder erfolgreich abgeschlossen:

In dieser Woche gab es folgende Probleme oder besondere Herausforderungen:

In dieser Woche hatten wir Hilfe von den folgenden Personen:

Die Stimmung in dieser Woche war:

O gut   O mittel   O schlecht

Liegen wir noch im Zeitplan?

O ja   O nein

Optionale Verzögerung in Tagen:

Notizen, Fotos, Skizzen, etc.:

KW _______   Monat _______

In dieser Woche wurden folgende Arbeiten
begonnen oder erfolgreich abgeschlossen:

In dieser Woche gab es folgende Probleme
oder besondere Herausforderungen:

In dieser Woche hatten wir Hilfe von den
folgenden Personen:

Die Stimmung in dieser Woche war:

O gut   O mittel   O schlecht

Liegen wir noch im Zeitplan?

O ja   O nein

Optionale Verzögerung in Tagen:

Notizen, Fotos, Skizzen, etc.:

KW _______   Monat _______

In dieser Woche wurden folgende Arbeiten
begonnen oder erfolgreich abgeschlossen:

In dieser Woche gab es folgende Probleme
oder besondere Herausforderungen:

In dieser Woche hatten wir Hilfe von den
folgenden Personen:

Die Stimmung in dieser Woche war:

○ gut   ○ mittel   ○ schlecht

Liegen wir noch im Zeitplan?

○ ja   ○ nein

Optionale Verzögerung in Tagen:

Notizen, Fotos, Skizzen, etc.:

KW   Monat

In dieser Woche wurden folgende Arbeiten begonnen oder erfolgreich abgeschlossen:

In dieser Woche gab es folgende Probleme oder besondere Herausforderungen:

In dieser Woche hatten wir Hilfe von den folgenden Personen:

Die Stimmung in dieser Woche war:

O gut   O mittel   O schlecht

Liegen wir noch im Zeitplan?

O ja   O nein

Optionale Verzögerung in Tagen:

KW _______ Monat _______

In dieser Woche wurden folgende Arbeiten
begonnen oder erfolgreich abgeschlossen:

In dieser Woche gab es folgende Probleme
oder besondere Herausforderungen:

In dieser Woche hatten wir Hilfe von den
folgenden Personen:

Die Stimmung in dieser Woche war:

◯ gut   ◯ mittel   ◯ schlecht

Liegen wir noch im Zeitplan?

◯ ja   ◯ nein

Optionale Verzögerung in Tagen:

Notizen, Fotos, Skizzen, etc.:

KW _______   Monat _______

In dieser Woche wurden folgende Arbeiten
begonnen oder erfolgreich abgeschlossen:

In dieser Woche gab es folgende Probleme
oder besondere Herausforderungen:

In dieser Woche hatten wir Hilfe von den
folgenden Personen:

Die Stimmung in dieser Woche war:

O gut   O mittel   O schlecht

Liegen wir noch im Zeitplan?

O ja   O nein

Optionale Verzögerung in Tagen:

Notizen, Fotos, Skizzen, etc.:

Notizen, Fotos, Skizzen, etc.:

Notizen, Fotos, Skizzen, etc.:

Notizen, Fotos, Skizzen, etc.:

Notizen, Fotos, Skizzen, etc.:

Notizen, Fotos, Skizzen, etc.:

Notizen, Fotos, Skizzen, etc.:

Notizen, Fotos, Skizzen, etc.:

Impressum
Denise Fichera Laudano
Lenaustraße 5
45128 Essen